AF194130

Richard Deiss

Lyrikbleiben bitte

In einem Zug geschriebene Gedichte

E-Mail-Adresse des Autors:
E-Mail: richard.deiss@gmail.com

Anregungen und Verbesserungsvorschläge sind willkommen und werden in der nächsten Ausgabe berücksichtigt.

Fotos im Buch: Richard Deiss

Herstellung und Verlag: BoD - Books on Demand, Norderstedt
Erste Auflage 2022, Originalausgabe

© Richard Deiss, Berlin 2022

Printed in Germany

ISBN   978-3-7557-335-46

Bibliografische Information der Deutschen Nationalbibliothek
Die Deutsche Nationalbibliothek verzeichnet diese Publikation in der Deutschen Nationalbibliografie; detaillierte bibliografische Daten sind im Internet über http://dnb.d-nb.de abrufbar

Vorwort

Von November 2021 bis März 2022 war ich viel im Zug unterwegs, um Städte in Deutschland und den Alpenländern zu besuchen. Einer Bekannten schickte ich, vor allem ab Dezember 2021, kleine Gedichte aus dem Zug, oft bahnbezogen, denn das Bahnfahren inspirierte mich zu kleinen Texten, in der Regel Vierzeiler, die sich meist auch reimten. Manchmal waren es mehrere in kurzem zeitlichem Abstand, vor allem wenn die Bahnfahrt gerade weniger aufregend und das Rattern des Zuges anregend war.
Im Laufe der Zeit sammelten sich über 40 kleine Texte an. Das brachte mich auf die Idee, die kleinen Gedichte zu veröffentlichen, sobald die runde Zahl von 100 erreicht war. Um diesen Prozess etwas zu beschleunigen und weil ich wieder weniger mit dem Zug reiste, schrieb ich im März 2022 wieder mehr Gedichte, auch wenn ich sie nicht alle weiterverschickte.

Die meisten Gedichte wurden dennoch im doppelten Sinne in einem Zug geschrieben. Da so ein Vierzeiler eine Seite nicht füllt, habe ich die Gedichte durch Fotos ergänzt, die meist auch zum Text des Gedichtes passen und kurz vor dessen Entstehungszeit aufgenommen wurden. Meist sind es Smartphone-Schnappschüsse, aus dem Zug, im Bahnhof oder in dessen Umgebung aufgenommen, in unterschiedlicher Aufnahmequalität. Nicht immer ließ sich dabei ein Foto finden, welches exakt zum Gedicht passt.

Ich hoffe dennoch, dass Leser in diesem kleinen Bändchen Gedichte und Texte finden, die vor allem Bahnfahrer ansprechen oder zum Nachdenken anregen.

Berlin, im April 2022
Richard Deiss

Prolog

ältere Vierzeiler zur Bahn

März 2012

Lutherstadt, gut zu wissen,
(Sch)Eisleben in vollen Zügen genießen.
Naja, so voll sind die Züge nicht in dieser Stadt,
die nur noch Nebenbahnen hat.

Mai 2012

Ein schneller Zug,
´ne schnelle Strecke,
nichts Neues, was ich hier entdecke.
Die Zeit steht Kopf und ist ´ne Schnecke.

Mai 2014

Vernachlässigter Bahnhof in der Provinz,
Bronxfeeling, hier beginnt's.
Doch alles hat ein Ende,
nur wo's Wurst ist, fehlen fleißige Hände.

August 2019

Erst wurde der Personenverkehr stillgelegt,
dann der Schienengüterverkehr stillgelegt,
dann wurde ein Radweg auf die Trasse gelegt.
Dann haben sich die Proteste gelegt.

August 2020

Eine Tautologie ist eine Tautologie,
was andres ist sie nie.
Im Bahnhof von Celle
Wird man so helle.

September 2021

Des Zuges Rattern,
der Pläne Flattern,
die Landschaft rauscht vorbei
oder das Leben, einerlei.

September 2021

Der Zug, er hält in
Salzderhelden.
Blau-gelb die Helden,
Schatten vorauswerfend.

September 2021

Raindrops are falling on a bin,
from a dark sky, in the final town I've been.
Reminding me it's time to board
the fast last train to Berlin.

Oktober 2021

In Wuppertal, am Bahnhof Loh,
ist nicht viel los, war immer so.
Am Bahnhof zeigt eine Plakette,
Einst geschah gar nichts an dieser Stätte.

Oktober 2021

Und sehn´ wir uns nicht in dieser Welt
So sehn´ wir uns in Elberfeld.
Am Döppersberg in Wuppertal,
Klassizismusbahnhof meiner Wahl.

Ende Oktober 2021

In Ixelles hoch über der Bahntrasse
eine kleine Fußgängerstraße.
Der Herbst den Bäumen Blätter raubt
der Weg deshalb so bunt belaubt.

Ende Oktober 2021

In Lüttich, Bahnhof-Calatrava
Sehr oft stand ich dort schon da.
Man steigt hier aus und seufzt gleich ach
über das kühn geschwungene Bahnhofsdach.

Anfang November 2021

Wer die Bahn einmal verpasste,
hier hält der Zug nur kurz, so haste.
Und haste mal Zeit, dann Haste.

Intensive Phase

Bahngedichte ab Dezember 2021

8. Dezember 2021

In des Zuges Sitzereihen
Reime gar nicht leicht gedeihen.
Alles ziemlich großer Mist,
für Shakespeare das der Nebel ist.

Bald sind wir in Recklinghausen
Auch bekannt als Schrecklingsgrausen
Auf Schienen in den Knotenpunkt hinein
Man soll nicht bahnhoffnungslose sein.

HBF Recklinghausen

9. Dezember

Es fröstelt so sehr,
das eisige Meer
Doch wenn etwas knackst
Ist es die Axt?

In Duisburg.

10. Dezember

Der Zug im Bahnhof ruht,
das tut der Pünktlichkeit nicht gut.
Fahr endlich weiter, liebe Bahn
Sonst kommen wir doch niemals an.

Bahnhof Brüssel Nord

10. Dezember

Ich verstehe nur Bahnhof
Sagte der Bahnhofsvorsteher.
Der Bahnhofsversteher
war verstört.

Rubensgraffiti im Bahnhof von Antwerpen-Berchem.

10. Dezember

Es fährt ein Zug nach Nirgendwo,
ankommen wird man niemals so.
Bei dieser Fahrt gibt´s kein zurück,
die Ewigkeit im Augenblick.

11. Dezember

Der Zug fährt schnell,
nach Tunneln hell,
schon bald am Ziel
da fehlt nicht viel.

11. Dezember

Die heutige Fahrt
schon seit dem Start
geht nicht in die Binsen
schon gleich in Winsen,
die Stadt an der Luhe,
vom Hasten bald Ruhe.

Säule mit einem Zitat von Goethes Gesprächspartner Johann Peter Eckermann (1792-1854) in dessen Geburtsstadt Winsen/Luhe.

14. Dezember

Heute bleibe ich in Kerkerade,
dem Gefängnis meiner Seele.
Ganz unten in den Neverlands
And that´s how it ends.

Kerkrade (Limburg, NL)

15. Dezember

Im ICE, im blauen Sitz,
schnell fährt der Zug, doch ohne Witz,
in Wirklichkeit er sogar steht,
der Erdball unter ihm sich dreht.

15. Dezember

Der Lebensfaden Geschichten spinnt,
bevor der letzte Sand zerrinnt
manchmal traurig, manchmal froh,
das Schicksal ist halt ebenso.

Oskar Schindler-Gedenktafel an einem Haus am
Bahnhofsplatz von Frankfurt, wo er 1965-74 lebte.

15. Dezember

Ich fuhr heut zu den Pyramiden
das Leben hat es so entschieden.
Bald warf die Nacht den Samt, den blauen
über die Stadt und über alle Gauen.

Marktplatz Karlsruhe, Bestattungsstätte von Markgraf Karl
Wilhelm von Baden (1679-1738), der 1715 Karlsruhe
gründete.

16. Dezember

Die Reise

Ob sie lohnt, die Zeit, das Geld?
Ist man nur einmal auf der Welt?
Warum schweifen in die Ferne,
was um's Eck liegt, hat man gerne.

17. Dezember

Im Allgäu sitzt man nicht auf einem Bett aus Rosen,
der Schrecken kommt hier nicht in kleinen Dosen.
Man trägt hier keine Dornenkron´,
auf einem Nagelstuhl da sitzt man schon.

18. Dezember

`Kartoffel. Ich liebe dich´
Viel mehr deutsche Worte sprach sie nicht
1961 kam Sümer Tan aus Istanbul an,
Nach 50 Stunden in der Bahn.

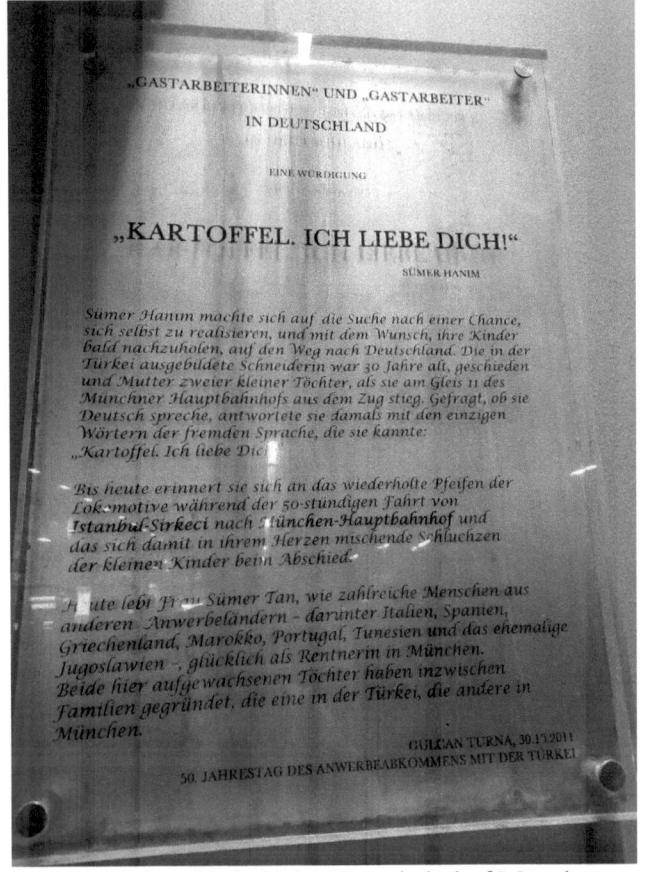

Gedenktafel an Gleis 16 im Hauptbahnhof München

18. Dezember

Im Bahnhof von Ulm eine Uhr,
noch 358 Tage nur,
dann ist die neue Strecke eingeweiht,
sie spart eine Viertelstunde Zeit

19. Dezember

Jetzt im Zug, eingeklemmt zwischen Sitzen.
Winterrraue Landschaft dämmert durch alle Ritzen.
Graue Städte sind das Ziel.
Schnell ist man dort, Zeit braucht´s nicht viel.

19. Dezember

Winterkahle Landschaft zieht vorbei.
Wohin man auch fährt, ist´s einerlei.
Die Seele muss noch lange darben,
Sehnsucht nach Frühling und seinen Farben.

19. Dezember

Auf Gleisen zucken durch die Lande,
in Metropolen und am Rande.
Orte, nie zuvor gehört.
Ein Name, der das Ohr betört.

Ort bei Stade mit Ortsnamen-Palindrom (kann rückwärts gelesen werden).

19. Dezember

Die strenge Bahnhofsuhr, sie mahnt,
Abschiede kürzer als geplant.
Seelen auseinandergerissen werden
in unsrer zu kurzen Zeit auf Erden.

19. Dezember

Der Fahrplan zieht den Zug davon,
bald ist man woanders schon.
Ein Teil vom Innersten bleibt doch zurück,
weiter fährt ein anderes Stück.

19. Dezember

Stahlräder auf Schienen trommeln,
die Fahrt ist nicht lang.
Wohin wir auch kommen,
das Herz ist doch bang.

19. Dezember

Der Schaffner will das Ticket sehn´,
und schnell ist sowas auch geschehen.
Die Fahrkarte, sie zeigt das Ziel,
aber ist´s, wohin ich wirklich will?

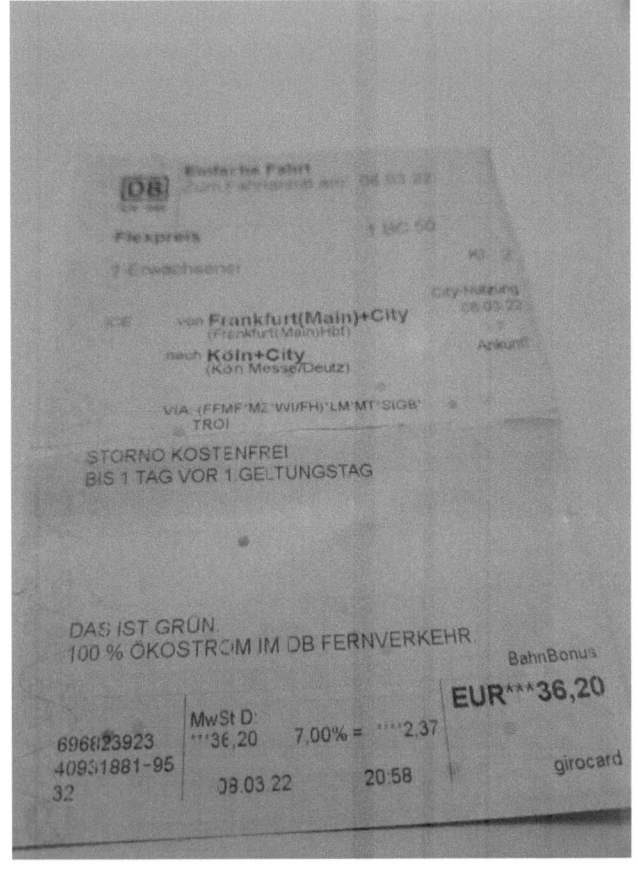

19. Dezember

Der Zug nach Nirgendwo,
er fährt dorthin, so oder so.
Ob er mich mitnimmt zu dieser Fahrt,
oder mir´s Leben ganz erspart?

22. Dezember

Der Winter hat seinen Puderzucker
über die Landschaft gestreut,
ein himmelblaues Zelt darüber aufgespannt.
Der Zug fährt weiter
wie durch das Gefrierfach eines Kühlschrankes.
Die Kälte wärmt die Seele.

22. Dezember

Wie ein Messer schneidet der Zug durch die Landschaft
und durch das Herz.
Auf Schienen wie auf einer Schneide fahren
Der Zug murmelt dazu,
um uns in Dämmern zu wiegen.

22. Dezember

Schienen wie Leitern, auf denen wir
über die Mühen der Ebene hinwegkriechen.
Die Zeit harrt der Dinge
und deren Lauf harkt den Schotter.

22. Dezember

Am Bahnhof beginnt's,
in norddeutscher Provinz.
Ein kalter Winterabend,
bald an der Wärme des Zuges mich labend.

23. Dezember

Am Bahnhof von Hannover
Sind die Leute bunter,
Fahren Autos munter,
teilweise hängen sie runter.

23. Dezember

Diese vielstellige Uhr
Was zeigt sie nur?
Sie zeigt Deutschlands staatliche Schulden,
Ihr Abbau muss sich noch etwas gedulden.

Schuldenuhr in Berlin, unweit vom Hbf.

24. Dezember

Einst in Tübingen

Das Essen kein Gedicht
Goethe bekam es nicht.
Und so bricht er,
der Dichter.

26. Dezember

Keine optische Täuschung, kein Witz,
die weltgrößte Weihnachtskerze in Schlitz.
Hübsche kleine Fachwerkstadt,
die eine Weihnachtsseele hat.

2022

Abflauendes Dichten

gelegentliches Aufflackern

2. Januar

In Wörgl am Bahnhof Meilensteine.
Wichtige Ereignisse, selbst deren Eröffnung war eine.
Läuft man in die Stadt, geht es in die Vergangenheit,
kehrt man zurück, ist die Zu(g)kunft bereit.

2. Januar

Die Sonne lacht auf Kerkerade,
ums schlechte Wetter gar nicht schade.
Der Januar noch nicht so grau,
Wolken segeln über Himmels Blau.
Das neue Jahr, es tickt dahin,
die Seele muss noch zu ihm ziehn.

Nulland-Mine in Kerkrade (NL)

3. Januar

Gesehen in Aachen
Man muss nicht lachen
Nachdenkzitate von Leuten
Denen schwierige Zeiten
Oft ernste Probleme bereiten.

Oft liegt das Ziel nicht am Ende des Weges,
sondern irgendwo an seinem Rande,
Ludwig Strauss deutsch-israelischer Schriftsteller, 1892-1953, im Pflaster an der RWTH Aachen).

6. Januar

Köln kann sehr hässlich sein,
doch damit ist die Stadt nicht allein.
Wenn man unter der Bahnbrücke den Dom vermisst
Stadt, vergiss nicht, wie schön du bist.

21. Januar

Es ist dunkel und kalt
und der Ort liegt im Wald.
In der Pfalz unterwegs, in Frankenstein,
das Aussteigen lässt man hier besser sein.

21. Januar

Mannheim Hauptbahnhof
In der Stadt nahm der Verkehr seinen Lauf.
Auto erfunden von Benz, Fahrrad von Drais,
aus der Stadt kommt selbst das Spaghettieis.

23. Januar

Die Stadt der Erfindungen, Osthofen
Ein Geniewinkel, wir wollen´s hoffen
Am Bahnhof ein Monument für den Fischbauchträger
Das ist nicht alles, die Stadt war geistig noch reger.

31. Januar

Der Zug, er gleitet über Schienen,
den Stahlrädern sei Dank, nur ihnen.
Doch bremst ein Bahnhof ihn bald ein,
es soll halt niemals zügig sein.

31. Januar

Der Zug befährt nicht laut die Gleise,
und wer sich traut, der reise
bis wo der Stahlstrahl endet,
bis wo das Schicksal wendet.

31. Januar

Auf dem Boden liegt der Schotter,
auf dem Schotter liegen Schienen,
Besser niemand liegt auf ihnen.

1. Februar

In der Speicherstadt am Cityrand
Ein Miniaturwunderland
Zum Beispiel die kleine Schweiz,
mit Bergen und Tunneln voller Reiz.

1. Februar

At the Copa, Copacabana,
fast ich mich in Rio wähne
Doch nur klein ist die Welt,
das Wunderland selbst fast als Weltwunder zählt.

1. Februar

Wie viele das Wunderland wohl besuchen?
Nach Zahlen braucht man nicht lange suchen.
Statistiken für jedes Land,
einige davon man überraschend fand.

1. Februar

Mit dem Zug in den echten Norden,
ist Südelbien der unechte geworden?
In Schleswig holst´ ein
Den, der es wagt, langsamer zu sein.

1. Februar

Zugfahrt im Dunkeln,
der Sterne Funkeln,
Fahrgestells Grummeln
Durch die Nacht sich schummeln.

1. Februar

Cogito, ergo Husum
Weil das Bahnhofskiosk keine stormfreie Bude ist
weil die Stadt nur in der Theorie grau ist,
ich denke, deshalb bin ich in Husum.

2. Februar

In der grauen Stadt am grauen Meer
Bahnhofspassage, grau so sehr.
Und durch die Stille braust ein Zug
Einmal pro Stunde ist genug.

2. Februar

Endlich in Witzwort.
Schnell ist man dort,
gleich wie der Blitz fort
denn nicht jeder pro-Winzort.

2. Februar

Bahnhofschließfachbatterie,
freie Fächer, viel wie nie.
Der Schlüssel dreht sich mit ´nem Ratschen
gefolgt vom Türenöffnungsklatschen.

2. Februar

Itzehoe, It´s a hoe?
darum lachen die Amis so?
Ich sehe keine,
wo ist sie nur, wo?

3. Februar

Der Zug fährt in Erinnerung
In die inre Innerung
Immer weiter, tief hinein,
wird für immer meiner sein.

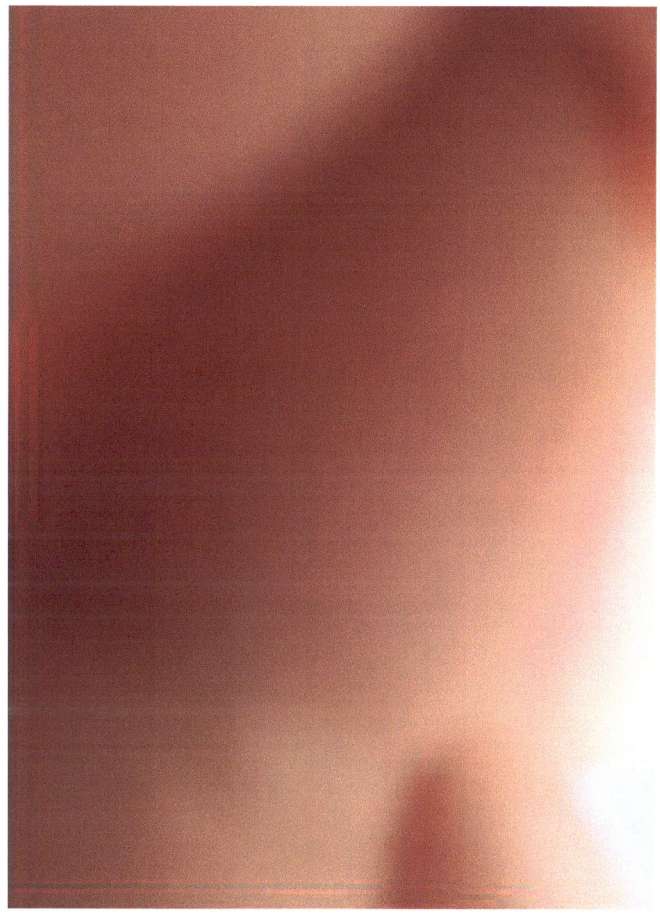

4. Februar

Mit dem Zug ins Herz der Stadt.
Pumpt die Fahrgäste durch deren Arterien
und saugt sie wieder zum Bahnhof zurück.
Mensch! Blutkörperchen.

Hamburg Hbf

6. Februar

Der Sturm bringt die Bahn, aus der.
Fahrpläne durch den Wind, verweht.
Träume zerplatzen wie Schäume.
Alles Luft für uns.

11. Februar

Erinnerung an einen Besuch vor 10 Jahren
In Erps-Kwerps wo meine Nichte und ich waren.
Damals lief gerade ein Census,
für Erpsenzähler wohl ein Genuss.

18. Februar

Endlich, sitze in einem Zug.
Ritze in einem Zug
die Lande auf,
die eisernen Arterien.

18. Februar

In den Zug ich dränge
am Erzählen hänge
ich Gleise als Erzählstränge
mich an.

18. Februar

Die werten Schwellen,
die Schwellenwerte,
Beton, die Härte,
auf Schotter auf Erde.

18. Februar

Erzengelstrenge,
Erzzählstränge,
Erzählstrenge,
Erzählstränge,
schlagen über die
in einem Zug.

18. Februar

Schwarz fährt man nicht ins Blaue,
Wer/Was/Weiß nicht ins Graue.
Ist das Signal rot, ärgert man sich grün.
Bald wird's zu bunt, kann blühn'.

18. Februar

Der Sturm den Fahrplan verweht,
Ein Zug im Fahrplan steht,
Ein Zug am Fahrplan steht.
Das Ziel ist weg
Weg ist das Ziel.

19. Februar

Der Sturm fegt durch den Schwarzen Wald,
ein Ast schon auf die Schienen knallt.
Und wenn die ersten Bäume fallen,
ist es aus mit Zügen,
aus mit allen.

19. Februar

Die kurze Ruhe vor dem Sturm,
der Vogel pickt noch schnell den Wurm
Die Menschen froh, die Sonne scheint,
doch Wurmes Frau vor Grame weint.

19. Februar

Die Eisenbahn, der große Wurm
Sie fährt noch, trotzt dem starken Sturm.
Sie kriecht ins Tunnelloch hinein,
vor Unbilden so sicher sein.

19. Februar

Vom Bahnhof nicht weit,
das Haus der gewesenen Zeit
Wesen hier weilen,
es ist wessen Eile?

In Diessenhofen (Thurgau)

20. Februar

Abteile und herrsche
über meine, Geh Danken
über Spiegelbilder,
Bilderspiegel.

21. Februar

St. Gallen Bahnhofsuhr
zeigt Zeit digital nur.
Sekunden, Minuten, Stunden.
Nicht alle haben´s gut gefunden.

25. Februar

Feldkirch Bahnhof und sieh
der Zug fährt bis nach Keleti.
Ich steige aus in einer kleinen Station
eine kurze Fahrt, das reicht mir schon.

25. Februar

Tritt man in Lindau aus dem Bahnhof heraus,
überwältigt gleich ein Augenschmaus.
Hafenlichterromantikbenommen
sogar ein Schiff wird einmal kommen.

2. März

Fabriken am Gleis.
Industriekultur, die man zu schätzen weiß
Toblerone, nein Sheddach,
das hält sich so, mit Ach und Krach.

Kloten (CH)

2. März

Bahnparadies Schweiz

Auf vielen Strecken
im Bahnhof snacken.
Sogar in kleinen Stationen
kann ein Stopp sich lohnen.

6. März

Automaten harrten,
Fahrkarten,
alle Arten,
kein Warten,
Reise starten.

6. März

Die Weichen harrten,
die Harten weichen.
Landkarten,
die Züge ins Land karrten.

Hannover Hbf

6. März

Auf dem Strich gehen,
gegen den Strich gehen,
Zug gestrichen,
Zug frisch gestrichen.

6. März

Wer reitet so spät durch Nacht und Wind,
es ist Ernst August,
da wir in Hannover sind.
Die Statue vorm Bahnhofsportal,
auf hohem Rosse,
Denk mal!

6. März

Gelbe Seiten,
die Freude bereiten,
so viele Bahnen, von früh bis spät,
Riesenplatt, der Fahrplan steht.

6. März

500 km bis Berlin,
noch heute muss ich dorthin.
Das Leben in vollen Zügen genießen
bevor Heimwehgefühle sprießen.

Am Hbf Hagen (Westfalen)

7. März

Rundes ikonisches S-Bahn Signet
Zeigt, wo's zur Stadtschnellbahn geht.
Rasch ins Zentrum ohne zeitliche Not,
das Zeichen grün, die S-Bahn rot.

Berlin S-Bahnstation Zehlendorf

7. März

Unweit vom Bahnhof Zoo
kann man das lesen, einfach so.
Wir verzehren mit der Zeit alles
Und die Zeit verzehrt uns alle.

8. März

An Gothas Bahnhofsplatz Goethe erkoren,
für immer dasselbe ist man verloren.
Diese Lettern am Tramhalt stehen,
sowas ist sonst an keiner Station zu sehen.

„Denn man reist doch wahrlich nicht, um an jeder Station dasselbe zu sehen und zu hören"
J.W.Goethe, 1792. Zitat an der Tramhaltestelle am Bahnhof von Gotha.

8. März

Am Bahnhofsplatz von Ilmenau
wird man durch einen Nachbau richtig schlau.
Die Hütte auf einem Stadtberg einst stand.
Dort ritze Goethe in ihre Wand
ein Gedicht, ich denke, das kennst auch du,
`Über allen Gipfeln ist Ruh...´

18. März

Keine Bahnfahrt, die Sonne lacht
Tag zuhause ganz verbracht.
Der Bahnreise gehört eher die Welt,
wenn Regen auf die Schienen fällt.

19. März

Die kleine Endstation
Nur in eine Richtung geht's davon.
Der Zug den Puffer küsst,
Wenn er wieder zuhause ist.

19. März

Das Signal steht auf Rot,
das Ende droht.
das Ende der Fahrt,
bis zu neuem Start.

19. März

Ein Andreaskreuz warnt querenden Verkehr
doch die Lampen blinken meist nicht mehr.
Der Warnsignale sind genug,
sehr selten kreuzt hier noch ein Zug.

20. März

Steine in den Weg legen

Der Bahnsteig gepflastert
durch Steine gerastert,
in grauen Knochen,
seit Tagen, seit Wochen.

20. März

Bei der Bahn läuft's rund,
die Passage jetzt bunt,
in allen Farben,
kein Seelendarben.

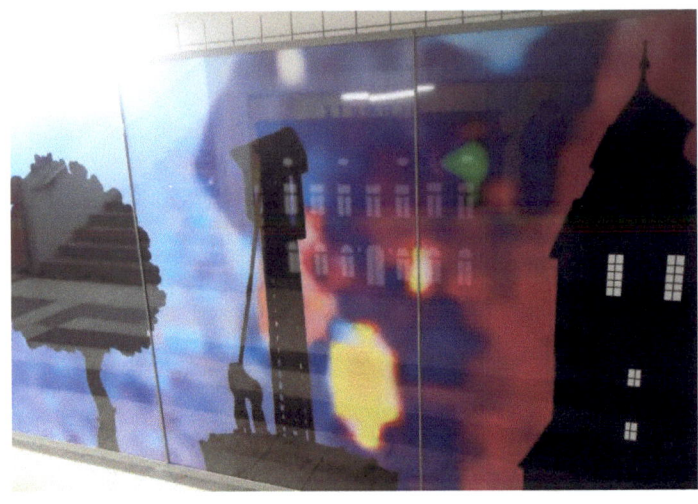

20. März

Die Stufen zum Ausgang
der Bahnfahrt Abgesang
der Stimmen vertrauter Klang
Plötzlich willkommensbang.

Weitere Bücher des Autors zu Gedichten und Wortspielen
(Siehe www.bod.de)

100 Orte, 100 Worte
Neues aus der (W)Ortspielhölle
Books on Demand, Norderstedt 2022

50 Orte, 50 Worte
Neues aus der (W)Ortspielhölle-Alpenländer
Books on Demand, Norderstedt 2022